Edmond Kamango Selemani Sheta-Sheta

Muhammad, le Coran et l'Islam ne viennent point de Dieu

Edmond Kamango Selemani Sheta-Sheta

Muhammad, le Coran et l'Islam ne viennent point de Dieu

Sortez de l'Islam!

Éditions Croix du Salut

Imprint
Any brand names and product names mentioned in this book are subject to trademark, brand or patent protection and are trademarks or registered trademarks of their respective holders. The use of brand names, product names, common names, trade names, product descriptions etc. even without a particular marking in this work is in no way to be construed to mean that such names may be regarded as unrestricted in respect of trademark and brand protection legislation and could thus be used by anyone.

Cover image: www.ingimage.com

Publisher:
Éditions Croix du Salut
is a trademark of
International Book Market Service Ltd., member of OmniScriptum Publishing Group
17 Meldrum Street, Beau Bassin 71504, Mauritius

Printed at: see last page
ISBN: 978-613-7-36755-1

AVANT - PROPOS

Ce livre n'a pas pour but de provoquer les musulmans. J'aime les musulmans et j'aime Dieu. Mon amour envers les musulmans m'a amené à accepter la mission me confiée par Dieu de les avertir de l'imminence de leur destruction. Mon amour pour Dieu m'oblige à faire sa volonté, en l'occurrence dire aux musulmans le mal qu'il projette contre eux.

En agissant ainsi je me conforme à cette parole de Dieu inscrite en Ezéchiel chapitre 3 versets 18 et 19 :

Quand je dirai au méchant : Tu mourras !si tu ne l'avertis pas, si tu ne parles pas pour détourner le méchant de sa mauvaise voie et pour lui sauver la vie, ce méchant mourra dans son iniquité, et je te redemanderai son sang.

Mais si tu avertis le méchant, et qu'il ne se détourne pas de sa méchanceté et de sa mauvaise voie, il mourra dans son iniquité, et toi tu sauveras ton âme.

Je pense que si Dieu disait à un musulman de m'avertir de sa part, il le ferait. Il ne faut donc pas m'en vouloir pour la publication de ce livre. C'est Dieu qui m'a chargé de l'écrire et de l'envoyer à tous les habitants de la terre en général et aux musulmans en particulier.

INTRODUCTION

Un milliard et demi de gens ont pris le chemin de la perdition en adhérant aveuglement à l'islam. Il nous a semblé charitable de leur oindre les yeux avec le présent collyre afin qu'ils voient et qu'ils se détournent de leur mauvaise voie , pour qu'ils soient sauvés.

Muhammad est-il vraiment le dernier prophète de Dieu de la lignée abrahamique ? Et le coran est-il vraiment un livre sacré descendu du ciel d'auprès du Dieu Très-Haut pour conduire l'humanité jusqu'à la conclusion du présent système de choses ?

Pour répondre à ces questions, nous aborderons dans les lignes qui suivent les points ci-après :

1. L'origine du coran
2. Les prétentions prophétiques et royales de Muhammad
3. Les prétentions de l'islam à la suprématie religieuse
4. L'islam et la divinité de Jésus-Christ
5. L'islam et la filiation divine de Jésus-Christ
6. L'islam et la mort sacrificielle de Jésus-Christ
7. L'islam et l'universalité de la mission de Jésus-Christ

8. L'islam et le culte de Jésus-Christ
9. L'apport de l'islam à l'ascension spirituelle de l'humanité

Une conclusion viendra clore notre propos.

1. L'ORIGINE DU CORAN

Le chapitre 2 du coran verset 97 déclare que le coran a été communiqué à Muhammad par l'entremise de l'ange Gabriel dans le but de fonder la vraie religion de Dieu.

Sourate 2 : 97 :

Dis : « Quiconque est ennemi de Gabriel doit connaître que c'est lui qui, avec la permission de Dieu, a fait descendre sur ton cœur cette révélation qui déclare véridiques les messages antérieurs et qui sert aux croyants de **guide** et d'heureuse annonce.»

La référence à l'ange Gabriel est justement la clé qui nous permettra de dire si oui ou non le coran vient du Dieu Très-Haut.

Gabriel est un ange bien connu pour avoir apporté des messages divins aux hommes. Il fut notamment envoyé au prophète Daniel, à Elisabeth, la mère de Jean Baptiste, et à Marie, la mère de Jésus qui est le Christ.

L'étude des messages apportés par Gabriel à Daniel et à Muhammad fait apparaître une incohérence qui met en cause leur source.

En effet, Gabriel a dit au prophète Daniel que le Messie allait mourir pour expier les péchés des hommes et sceller une alliance entre Dieu et les hommes.

Dan 9 :20-27 :

Je parlais encore, priant et confessant mon péché et le péché de mon peuple Israël, déposant ma supplication devant le Seigneur mon Dieu, au sujet de la montagne sainte de mon Dieu ; je parlais encore en prières, quand **Gabriel, cet homme que j'avais vu précédemment dans la vision** s'approcha de moi d'un vol rapide au moment de l'ablation du soir. Il m'instruisit et me dit : « Daniel, maintenant je suis sorti pour te conférer l'intelligence. Au début de tes supplications a surgi une parole et je suis venu te l'annoncer, car tu es l'homme de prédilections !"

Comprends la parole et aie l'intelligence de la vision !

Il a été fixé soixante –dix septénaires sur ton peuple et sur ta ville sainte, **pour faire cesser la perversité et mettre fin au péché, pour absoudre la faute et amener la justice éternelle, pour sceller vision et prophète et pour oindre un saint des saints.**

Sache donc et comprends : Depuis le surgissement d'une parole en vue de la reconstruction de Jérusalem, jusqu'à un messie-chef, il y aura sept septénaires. Pendant soixante-deux septénaires, places et fossés seront rebâtis, mais dans la détresse des temps.

Et après soixante-deux septénaires, un oint sera retranché mais non pas pour lui-même. Quant à la ville et au sanctuaire, le peuple d'un chef à venir les détruira ; mais sa fin viendra dans un déferlement, et jusqu'à la fin de la guerre seront décrétées des dévastations. **Il imposera une**

alliance à une multitude pendant un septénaire, et pendant la moitié du septénaire, il fera cesser sacrifice et oblation ; sur l'aile des abominations, il y aura un dévastateur et cela, jusqu'à ce que l'anéantissement décrété fonde sur le dévastateur.

En revanche, le même Gabriel aurait dit à Muhammad, environ 1300 ans plus tard, que le Messie ne devait pas mourir et d'ailleurs il n'est pas mort, mais que Dieu l'a enlevé vivant auprès de lui.

Coran 3 :55 :

Rappelle –toi quand Dieu a dit : O Jésus, certes, je vais mettre fin à ta vie terrestre**(tes ennemis ne te tueront point), t'élever vers moi, te débarrasser de ceux qui n'ont pas cru (ils ne te tueront point),** et mettre jusqu'au jour de la résurrection, ceux qui te suivent au-dessus de ceux qui ne croient pas. Puis c'est vers moi que sera votre retour, et je jugerai, entre vous, ce sur quoi vous vous opposez.

Le texte du coran contredit manifestement celui de Daniel. Or chacun sait que le Dieu Très-Haut ne peut se contredire. Il y a donc deux anges Gabriel, un vrai et un faux, un pour la loi, les psaumes et l'évangile, et un autre pour le coran. Mais lequel est faux ! C'est simple à savoir. En effet, toutes les prophéties de Gabriel consignées dans la bible se sont accomplies fidèlement. En particulier, les paroles de Gabriel relatives aux 70 semaines se sont réalisées avec une précision mathématique. Conformément à cette prophétie, Jésus-Christ a été oint d'esprit la 15ième année de Tibère, ayant environ 30 ans d'âge (Luc 3 :1,23). De même la parole que Gabriel adressa à Marie au sujet de la naissance virginale du Messie et de la grossesse de sa parente, Elisabeth, a été une vérité absolue.

Il va sans dire que l'ange Gabriel de la bible a toujours dit vrai. Donc l'ange Gabriel du coran est un menteur. Et un menteur ne vient point du Dieu Très-Haut, mais de Satan. Car Satan est menteur dès le commencement du monde (Jn 8 :44, Apoc 12 : 9). Par conséquent Satan est l'origine du coran. L' ange qui est apparu à Muhammad s'est tout simplement déguisé en ange Gabriel pour faire accréditer son message qui, en vérité, venait de Satan, le père du mensonge (Jn 8 :44).

L'ange inspirateur étant un faux Gabriel, le coran est une fausse prophétie, et partant Muhammad un faux prophète.

Cette seule démonstration aurait suffi à prouver que l'islam n'est pas venu du Dieu Très-Haut, que c'est une religion d'origine satanique, et que les 1,5 milliard de musulmans sont perdus.

Cependant, nous voulons dépouiller complètement cette fausse religion qui a séduit quantité des gens pendant près de 14 siècles, la mettre a nu afin que plus personne ne se trompe pour la fréquenter.

2. LES PRETENTIONS PROPHETIQUES ET ROYALES DE MUHAMMAD

Si Muhammad s'était proclamé prophète tout court, il n'y aurait rien à redire. Mais maintenant il prétend être le sauveur du monde annoncé en Daniel chapitres 2 et 7. Cela intéresse aussi bien les Juifs que les chrétiens. Pour régler une question d'une telle densité, nous avons besoin de l'ensemble de la parole de Dieu déclarée et écrite par les prophètes de Dieu. Nous allons donc faire parler la loi, les psaumes, les prophètes et l'évangile. Heureusement le coran reconnaît la véracité des livres précités, selon qu'il est écrit :

Coran 2 :139 :

Dis : « Discutez-vous avec nous au sujet de Dieu, alors qu'il est notre Seigneur et le vôtre ? A nous nos actions et à vous les vôtres. C'est à lui que nous sommes dévoués. »

Coran 29 :46 :

Et ne discutez que de la meilleure façon avec **les gens du livre,** sauf ceux d'entre eux qui sont injustes. Et dites : « Nous croyons en ce qu'on a fait descendre vers nous et descendre vers vous, tandis que notre Dieu et votre Dieu est le même, et c'est à lui que nous nous soumettons ».

Coran : 2 :97 :

Dis : « Quiconque est ennemi de Gabriel doit connaître que c'est lui qui, avec la permission de Dieu, a fait, descendre sur ton cœur **cette révélation qui déclare véridiques les messages antérieurs** et qui sert aux croyants de guide et d'heureuse annonce ».

Coran 3: 3 :

Il a fait descendre sur toi le livre avec la vérité, **confirmant les livres descendus avant lui. Et il fit descendre la torah et l'Evangile.**

Il est vrai que Dieu a promis un sauveur au monde (Ge 3 :15). Selon les écritures, ce sauveur doit donner sa vie en rançon pour les hommes et venir de la descendance d'Abraham selon la chair (Ge 22 :18).

Ge 3 :15 :

«Je mettrai inimitié entre toi et la femme, entre ta postérité et sa postérité : celle-ci t'écrasera la tête, et tu lui blesseras le talon. »

Il y a lieu de noter que la sentence prononcée par Dieu en Eden promet un sauveur qui donnera sa vie en rançon pour les hommes. Cette sentence montre donc les étapes qui seront parcourues en vue du salut du genre humain : Il y aura avant toute chose le **meurtre de la postérité de la femme par Satan.** Ensuite il y aura la **résurrection de cette**

postérité. Enfin il y aura la **destruction du serpent.** C'est pourquoi la sentence de Dieu parle de la blessure de la postérité de la femme qui sera suivie par l'écrasement du serpent. Comment quelqu'un qui a été mordu par un serpent venimeux peut-il écraser celui-ci s'il ne revient pas de la mort de cette morsure à la vie ? **Genèse 3 :15 a donc prophétisé la mort et la résurrection de la postérité de la femme, qui est le sauveur du monde.**

Qui de Jésus et Muhammad est ce sauveur ? Qui de Jésus et de Muhammad a été tué puis est ressuscité ? Nous savons que c'est Jésus qui a été tué par les romains à la demande des juifs, sous Ponce Pilate, et qui est ressuscité des morts selon les écritures, ce que le chapitre 6 de ce livre s'attache à démontrer (Mt 20 :28).

Par ailleurs le sauveur du monde doit venir de la descendance d'Abraham, selon la loi, les psaumes et l'évangile. Nous notons que Christ et Muhammad sont tous deux descendants d'Abraham selon la chair. L'un vient d'Ismaël et c'est Muhammad, et l'autre vient d'Isaac et c'est Jésus-Christ.

Qui de ces deux enfants d'Abraham est le sauveur du monde ?

Genèse 21 :12-13 et Genèse 17 :15-21 répondent à la question en écartant Ismaël et sa descendance de la direction de l'alliance divine.

Ge 21 :12-13 :

Mais Dieu dit à Abraham : Que cela ne déplaise pas à tes yeux, à cause de l'enfant et de ta servante. Accorde à Sara tout ce qu'elle te demandera ; ***car c'est d'Isaac que sortira une postérité qui te sera propre.***
Je ferai aussi une nation du fils de ta servante ; car il est ta postérité.

Ge 17 : 19-21 :
Dieu dit : Certainement Sara, ta femme, t'enfantera un fils ; et ***tu l'appelleras du nom d'Isaac. J'établirai mon alliance avec lui comme une alliance perpétuelle pour sa postérité après lui.***
A l'égard d'Ismaël je t'ai exaucé. Voici, je le bénirai, je le rendrai fécond, et je le multiplierai à l'infini ; il engendrera douze princes et je ferai de lui une grande nation.
J'établirai mon alliance avec Isaac, que Sara t'enfantera à cette époque -ci de l'année prochaine.

Ces paroles qui ont été prononcées avant la naissance d'Isaac montrent clairement que Dieu a écarté Ismaël et sa postérité du sacerdoce et du prophétisme.

Les faits ultérieurs corroborent nos propos selon lesquels l'Eternel a écarté Ismaël de la gestion de la chose spirituelle. En effet, c'est en Isaac que Dieu a établi sa sacrificature et bâti son temple. De l'époque de Moïse jusqu'à ce jour, nous n'avons vu aucune postérité d'Ismaël élevée à la dignité de souverain sacrificateur et entrer dans le temple de Dieu pour y présenter une offrande. D'ailleurs l'islam n'a aucune notion du sacerdoce et du temple. Muhammad n'a rien dit concernant le temple de Dieu. Or la bible abonde en textes où l'Eternel commande à ses serviteurs de bâtir, de mesurer, de garder, de tenir le temple dans un état de pureté irréprochable (Ex 26 :30 ; I Ch 28 :6, 9 ,10-20 ; I Co 3 : 16-17 ; I Co 6 : 19 ; II Ch 6 :16 ; Ep 2 : 19-22 ; II Thés 2 :4; Apoc 7: 15; Apoc 11:19).

I chroniques 28 :19 précise que c'est par un écrit de sa main que l'Eternel a donné à David le modèle du temple. Aucun fils d'Ismaël ne peut en dire autant, même pas Muhammad. Or le temple c'est la maison de Dieu. Le temple marque la présence de Dieu. En choisissant la postérité d'Isaac pour bâtir sa maison, l'Eternel a prouvé si besoin en était encore qu'il a écarté Ismaël et sa descendance de la gestion de l'alliance.

Le chef d'une religion ce n'est pas un prophète, mais un prêtre. Melchisédek, le premier chef religieux que le monde connaisse était un Souverain Prêtre et non un simple Prophète. Et quand il a fondé la vraie religion en Israël Dieu lui a donné pour chef un Souverain Prêtre et non un simple Prophète. Chacun sait que Moise était prophète de Dieu au moment où Dieu a fondé la religion en Israël. Cependant Dieu n'a pas confié la direction de la religion au prophète Moise, mais il a établi un Souverain sacrificateur, en l'occurrence Aaron, pour s'occuper de la religion. Et un prophète ne peut pas remplacer un Souverain sacrificateur. Il faut un Souverain sacrificateur pour remplacer un Souverain sacrificateur. C'est ainsi que l'heure ayant sonné de remplacer la sacrificature aaronique, Dieu devait se pourvoir d'un autre souverain sacrificateur. Voilà pourquoi Jésus-Christ a été fait Prêtre, un Souverain Prêtre.

Psaume 110 : 4 :

L'Eternel l'a juré et il ne s'en repentira point : Tu es sacrificateur pour toujours, à la manière de Melchisédek (lire Hébreux 5 :6 ; 6 :20 ; 7 :17).

Et cette dignité de Jésus n'est pas transmissible, car il a été établi souverain sacrificateur pour l'éternité. Muhammad qui est –il pour fonder une religion ? Un simple prophète ! Il est indigne d'être le chef de la religion de Dieu. Voilà pourquoi l'islam est une religion païenne et son prophète un prophète païen.

Par conséquent Muhammad ne peut en aucun cas être le prophète sauveur du monde.

Dieu a choisi Isaac et sa postérité pour sauver toutes les nations par leur entremise. Parmi les descendants d'Isaac, c'est Jésus, fils de Jacob, de Juda, de Jessé, de David, et de la vierge Marie, qui a été désigné pour être le sauveur du monde (Ge 22 :17,18 ; Ge 21 :11-13 ; Ge 28 :10-15 ; Ge 49 :10-11 ; Es 11 :1 ; I Ch 17 :7, 11, 14 ; Ez 21 :30-32 ; Luc 1 :26-33).

Le combat que je mène contre l'islam, son prophète et son livre est un combat de tous les chrétiens. Il est conforme à Matthieu 7 : 15-19 ; Apocalypse 2 :2,20.

Venons-en maintenant à Daniel chapitres 2 et 7. Le sauveur du monde annoncé en Dan 2 et 7 est-il différent de celui dont question dans les écritures précédentes ?

Dan 2 : 44-45 met en évidence les faits suivants :

- Le sauveur (la pierre) agira à la fin du 4ième royaume mondial et y mettra un terme
- Son règne est mondial et éternel
- Les anciens royaumes ne coexisteront point avec le sien
- Avant d'être pulvérisé par le royaume messianique, le 4ième royaume colonisera un pays qui est faible comme de l'argile, le divisera en plusieurs morceaux et y créera des alliances nationales.

L'histoire nous apprend que Muhammad n'a jamais accompli la prophétie de Daniel. Muhammad a fait quelques conquêtes qui ont débouché sur l'établissement d'un petit royaume à Médine. Mais son royaume est tombé en ruines quelque temps après sa naissance.

Quant à Daniel chapitre 7, il peut se résumer comme suit :

- Le royaume mondial de Dieu interviendra après le jugement du pouvoir mondial opposé à Dieu
- La souveraineté de tous les Etats du monde cessera
- Une transition sera décrétée pour conduire les nations vers le royaume de Dieu proprement dit
- Pendant ce temps le Dieu Très-Haut remettra le règne du monde au fils de l'homme.

Qui est le fils de l'homme qui reçoit la royauté mondiale en Daniel 7 :13-14 ?

Remarquons que le fils de l'homme arrive au ciel par les nuées. Cette remarque fait penser à Jésus car la bible déclare que Jésus est parti au ciel par une nuée (Actes 1 :9).

D'autre part l'expression fils de l'homme est quasiment réservée à la désignation de Jésus-Christ (cf. Mt 16 :13,27 ; Mt 19 :28 ; Mt 25 :31-33).

Nous avons parcouru le coran, et nulle part nous n'avons trouvé que Muhammad soit désigné par l'expression fils de l'homme. De plus Muhammad n'est pas monté au ciel dans une nuée. Et puis aucun verset du coran ne montre Muhammad en train de jouer un rôle quelconque en rapport avec le royaume de Dieu.

En revanche le livre d'apocalypse pour ne parler que de lui, abonde en passages qui montrent Jésus-Christ en train de recevoir l'investiture royale (Apocalypse 5 : 1-13), ou en train de combattre la quatrième puissance mondiale évoquée en Daniel 2 et 7(Apo 17 :14), ou encore en train de tuer par l'épée les rois de la terre et leurs armées (Apoc 19 :9-21). Et c'est Jésus qui est appelé en apocalypse ROI des rois et Seigneur des seigneurs (Apoc 17 :14 ; Apo 19 :16).

Tout ceci achève de montrer que les prétentions de Muhammad sont fausses.

Jéhovah et Allah sont deux dieux différents ayant chacun sa religion, ses prophètes et son livre sacré. Mais Jéhovah écrasera Allah dans 17 ans.

Si vous souhaitez être sauvé des fléaux destinés à Allah, à Muhammad et aux musulmans, vous devez croire à l'Evangile éternel mentionné en Apocalypse 14 :6-7 et chercher le royaume de Dieu en premier lieu.

L'Eglise de l'Evangile éternel se tient à votre entière disposition pour vous aider à découvrir les vérités contenues dans l'Evangile éternel et à chercher le royaume de Dieu de la manière qui plaît à l'Eternel.

3. LES PRETENTIONS DE L'ISLAM A LA SUPREMATIE RELIGIEUSE

Les musulmans prétendent que Muhammad est le tout dernier prophète de Dieu, le coran le tout dernier livre de Dieu et l'islam la toute dernière religion de Dieu. Après Muhammad il n'y aura pas d'autre prophète ; après le coran pas d'autre livre divin, et en dehors de l'islam pas de vraie religion (Coran 61 :6, 9).

Il est vrai qu'après l'évangile prêché par Jésus et les apôtres, il vient un autre message divin. L'évangile de la grâce nous apprend que le dernier message divin à l'humanité prendra sa place, car il est parfait (I Co 13 : 8-12).

S'agit-il du coran ? Non, car si l'islam était institué de Dieu, il n'allait pas coexister pacifiquement avec le christianisme, il allait le faire cesser avant de prendre sa place. En effet un principe divin déclare que lorsque ce qui est parfait vient, ce qui est partiel, passager ou flou disparaît (I Co 13 :12).

Fidèle au principe ci-dessus, Dieu a envoyé le christianisme pour remplacer le judaïsme. Comme tout le monde sait, le christianisme a détruit le temple de Jérusalem (Mt 24 :1-4 ; Luc 21 :21-24), il a fait cesser les sacrifices et les offrandes (Hé 10 : 4-10) et il a mis en congé l'ancienne prêtrise (Hé 7 :11-19 ; I Pi 2 :9) ; bref il a ébranlé tous les fondements de l'ancienne religion, y compris la loi (Rm 7 :5,6 ; II Co 3 :6).

Par contre l'islam ne peut en dire autant du christianisme. L'islam lutte désespérément contre le christianisme, mais il n'a pas reçu de Dieu le pouvoir de faire cesser le christianisme. On a vu l'islam mener un combat charnel contre l'église du Christ en tuant les chrétiens, en démolissant les lieux de prières. Mais l'islam n'a pas ébranlé, par son existence, les fondements du christianisme. Les prêtres chrétiens sont toujours là, célébrant des cultes auxquels participent avec dévotion des imams musulmans au nom de l'œcuménisme, le temple du nouveau testament est toujours débout (Ep 2 :20-22 ; I Co 6 :19), Les sacrifices sont offerts normalement dans le nouveau temple de Dieu. Le flambeau chrétien continue de briller et répand une lumière plus intense que jamais.

Cette coexistence tantôt tumultueuse, tantôt pacifique entre l'islam et le christianisme est une preuve que l'islam n'est point une religion instituée de Dieu pour parfaire le christianisme.

Le christianisme est et restera la seule vraie religion parce qu'elle a offert à l'Eternel Dieu le sacrifice le plus excellent en la personne de Jésus-Christ. Chacun sait que la religion a pour objet d'offrir à la divinité l'honneur, l'hommage dû à sa transcendance créatrice, à la providence divine, et à la gratuité de son amour, à travers des actes intérieurs et extérieurs. Parmi les grands actes intérieurs figurent la dévotion et la prière. Parmi les actes extérieurs, on trouve l'offrande et le sacrifice. Le sacrifice sanglant se trouve être l'acte religieux par excellence parce que réservé uniquement à la divinité. Le sang c'est la vie. Or toutes les divinités païennes se font offrir des sacrifices des animaux parfois même des sacrifices humains. Pour élever Jéhovah au-dessus de toutes les divinités, il fallait lui offrir un sacrifice sanglant unique en son genre, spécial, inégalable dans le temps et dans l'espace. En lui offrant le corps de Christ-Jésus, qui est une vie infiniment plus précieuse que toutes les autres, une vie unique, immaculée et incomparable, le christianisme a offert à l'Eternel le sacrifice le plus excellent, donc l'hommage le plus profond, et s'est hissé au rang de religion par excellence. L'islam ne peut en dire autant. C'est à cause de l'excellence de son sacrifice que le christianisme est combattu par l'islam. Le combat entre l'islam et le christianisme c'est le combat entre Caïn et Abel. C'est le combat pour la faveur de l'Eternel. De même que Caïn tua Abel pour son offrande, parce que son offrande était mauvaise et que celle d'Abel était bonne, de même l'islam cherche à assassiner le christianisme parce que ses multiples offrandes sont mauvaises et que l'unique offrande du christianisme est excellente et emporte la faveur de Dieu. (Ge 4 :3-8 ; I Jn 3 :12, 15).

En ce qui concerne le coran, il ne saurait être le dernier livre envoyé par Dieu à l'humanité. Le dernier livre divin est le livre scellé de sept sceaux. Ce livre parle des choses qui concernent la fin du monde, choses qui ne figurent pas dans le coran. Même si le coran est venu au monde six siècles après la rédaction du livre scellé de sept sceaux, il demeure que le message qu'il véhicule se rapporte à une époque post-coranique. Plus précisément, le coran ne parle pas de l'intronisation de Jésus-Christ, de Babylone la grande, de la Bête et son image et sa marque, de la bête à deux cornes semblables à celles d'un agneau, des noces de l'agneau de Dieu, des sept coupes de la colère de Dieu, de l'arrestation de Satan après son expulsion du ciel et du millénium, qui sont les principales articulations du dernier message divin aux habitants de la terre.

Le dernier livre sacré n'a pas été confié à Muhammad. Le Dieu suprême l'a remis à Jésus, l'agneau Dieu qui a été immolé (Apoc 5 :1-10). A son tour, l'agneau remettra ce livre à l'un de ses disciples, qui l'enseignera aux hommes de toute nation, de toute langue, de toute tribu et de tout peuple. Et ce ne sera pas n'importe quand, pas au sixième siècle. Car c'est un message de la fin du monde, qui durera une génération seulement (Dan 12 :4 ; Apoc 1 :1-3 ; Mt 25 :6 ; Mt 24 :32-35).

Le coran n'étant pas le dernier message divin à l'humanité, il devient trivial que son prophète, Muhammad, pour ne pas le citer, ne peut prétendre être le sceau des prophètes de Dieu ! Car le sceau des prophètes c'est Jésus selon l'Evangile auquel le coran nous demande de croire (Jean 6 :27 ; Coran 2 :136 ; 2 :97 ; 3 :3 ; 2 :121 ; 29 :46), **Le dernier prophète de Dieu, c'est l'ange messager de l'évangile éternel, dont mention est faite en apocalypse 14 :6-7.** Cet ange est le dernier prophète de Dieu parce que son message marque le commencement du jugement de Dieu en vue de la destruction des méchants, en l'occurrence Babylone la grande et la bête et leurs partisans, parce que aussi son message marque la fin des temps des nations et promulgue la dernière loi divine, loi universelle, inédite et inégalable, qui porte établissement du royaume de Dieu sur la terre et proclame le Fils de Dieu, Jésus-Christ, Seigneur des seigneurs et Roi des rois, avec mission de renverser tous les royaumes de Satan établis sur la terre.(Dan 7 :9-14 ; 21-27 ; Psaumes 2 : 1-12). Enfin cet ange est le dernier prophète de Dieu parce que **son message accomplit la promesse de la vie éternelle faite aux hommes par le Dieu d'amour. Les prétentions de l'islam à la suprématie religieuse sont totalement fausses.**

Muhammad est un adversaire de Jésus-Christ. C'est la raison pour laquelle le coran lui attribue la dignité de **sceau des prophètes** (Coran 4 :136 ; 33 :40). Or les saintes écritures déclarent **Jésus-Christ le sceau des prophètes (Dan 9 :24 ; Jn 6 :27).** La question est la suivante : Combien de sceaux des prophètes le vrai Dieu a-t-il finalement ?

Vous venez de comprendre que Jéhovah et Allah sont deux dieux différents et distincts, ayant chacun sa religion, son sceau des prophètes et son livre sacré. Mais Jéhovah écrasera Allah dans 17 ans. De même Jéhovah détruira l'islam par la main de Jésus dans les 17 prochaines années.

Si vous souhaitez échapper aux fléaux destinés à Allah, à l'islam, à Muhammad et aux musulmans, vous devez croire à l'Evangile éternel mentionné en apocalypse 14 :6-7 et chercher premièrement le royaume de Dieu. L'Eglise de l'Evangile éternel se tient à votre entière disposition pour vous aider à découvrir les vérités contenues dans l'Evangile éternel et à chercher le royaume de Dieu de la manière qui plaît à l'Eternel.

4. L'ISLAM ET LA DIVINITE DE JESUS-CHRIST

L'islam distingue nettement le Dieu Très-Haut, d'avec Jésus-Christ. Il dit qu'il existe un seul Dieu, et Jésus, fils de Marie n'est pas Dieu.

Nous partageons en partie cette affirmation, car elle contient quelque chose de vrai et quelque chose de faux. Ce qui est vrai c'est la distinction entre Jéhovah et Jésus-Christ, leur indépendance réciproque, et l'infériorité de Jésus-Christ par rapport à Jéhovah. A ce sujet nous adhérons totalement au point de vue des musulmans.

En effet, Jésus-Christ n'est pas du tout le Dieu Très-Haut. La bible abonde en versets très clairs et limpides comme du cristal, montrant que Jésus n'est ni le Dieu Très-Haut, ni l'égal du Très-Haut, qu'il n'est ni infini ni immortel. Jésus est une créature, la première créature de Dieu. Jéhovah est le chef de Jésus (Dan 7 :9-13 ; I Co 11 :3 ; Apoc 3 :14 ; Apoc 5 :1-13).

Ce que nous ne trouvons pas honnête c'est que les musulmans revendiquent le monopole de la connaissance de la vraie position de Jésus par rapport à Jéhovah. Le coran qui est venu au monde en 610 après Jésus-Christ n'a rien à apprendre aux vrais disciples de Jésus concernant la nature, le statut du Christ. Tout vrai disciple de Jésus sait, grâce aux livres que nous ont légués les Apôtres, que Jésus n'est pas le Très-Haut. Ceux qui affirment le contraire ne sont pas de vrais chrétiens, ce sont des catholiques, des pentecôtistes, des Branhamistes, et les autres sectes de la chrétienté.

Ceci nous amène à parler de ce qui est faux dans la conception islamique de la nature de Jésus.

Il n'est pas correct de dénier à Jésus-Christ toute divinité. La bible montre que Jéhovah est une divinité absolue mais non exclusive. A côté du Dieu suprême, il y a d'autres dieux inférieurs qu'il a établis lui-même (De 10 :17 ; De 7 :1 ; Ps 82 :6). Et parmi ces dieux il y a Jésus-Christ, conformément à l'écriture sainte (Es 9 :5). Et Jésus-Christ vient avant tous ces autres dieux (Ps 45 :7,8).

Une étude approfondie du coran renforce notre croyance en la divinité de Jésus-Christ. En effet, le coran déclare que tous les hommes sont des signes divins, c'est-à-dire qu'ils ont une dose de divinité d'une part, et d'autre part, tous les hommes sont des vicaires du Dieu Suprême, c'est-à-dire en fait des dieux minuscules (Coran 51 :20-21 ; 2 :30 ; 3 :45,47 ; 21 :29).

Or selon le coran, le Dieu Suprême qu'il appelle Allah, a magnifié, a élevé Jésus-Christ au-dessus de tous les hommes (Coran 3 :42,45).

Il va sans dire que Jésus-Christ est plus divin que tous les signes divins, et plus vicaire que tous les vicaires d'Allah, c'est-à-dire plus dieu que toutes les divinités relatives reconnues par le Dieu Très-Haut.

En un mot, Jésus-Christ est un dieu, une divinité après Jéhovah ou Allah.

Voilà que la bible et le coran accréditent l'idée que Jésus est un dieu. Tout musulman qui nie la divinité de Jésus va à l'encontre du coran.

L'ennui avec beaucoup de gens c'est qu'ils pensent que le mot Dieu signifie l'auteur des mondes et de la vie.

C'est ainsi que beaucoup de gens qui savent que c'est Jéhovah qui a créé toutes choses et que c'est par sa volonté qu'elles existent et qu'elles ont été créées, ont du mal à accepter d'autres dieux. Beaucoup ont donc besoin de la définition du mot dieu. La voici : Dieu signifie " celui qui connaît le bien et le mal ou simplement le connaissant". Cette définition ressort des paroles de Lucifer, appelé serpent, paroles confirmées par Jéhovah Dieu lui-même, ainsi que des paroles de jésus (Ge 3 :5, 22 ; Jn 10 :34-35) ! Ainsi lorsqu'on dit qu'un tel est un dieu, on ne voit pas l'origine de la création, mais un être doué de connaissance de Dieu. Or le Dieu Très-Haut a répandu sa connaissance parmi les anges et les hommes. C'est pourquoi Il appelle dieux certains hommes et certains anges qu'il a remplis de sa parole de connaissance. Ceux-ci forment une chaine de divinités à la tête de laquelle trône Jéhovah lui-même. C'est pourquoi aussi Jéhovah se nomme lui-même : Le Dieu des dieux (De 10 :17). Il n'en serait pas ainsi s'il n'existait aucun autre dieu à part Jéhovah. Et quand Jéhovah dit qu'en dehors de lui il n'y a point de Dieu, cela ne veut pas dire qu'il est le seul Dieu. Mais cela signifie qu'il est le seul vrai Dieu absolu et que pour être dieu, quelqu'un doit rester en relation avec lui. **S'il se coupe de lui**, il cesse d'être dieu, car il n'est plus alimenté par la connaissance parfaite venant de Dieu.

L'on vient de voir que l'islam n'est pas contre toute divinité. Son problème c'est de voir Jésus revêtir la divinité. Cette haine provient de Satan, l'auteur du coran. En effet, Satan dit en Esaie 14 :13,14 : *Je monterai au ciel, j'élèverai mon trône au-dessus des étoiles de Dieu.*

***Je m'assiérai sur la montagne de l'assemblée, à l'extrémité du septentrion ; je monterai au sommet des nuées, je serai semblable au Très-Haut* (c'est-à-dire je serai un dieu). Mais Dieu a attribué cette dignité à Jésus, tandis qu'il a précipité l'auteur du coran dans le séjour des morts (Es 14 :15-17). A ce titre Jésus occupe un poste très convoité par Satan. C'est pourquoi Satan voue à Jésus une haine implacable. Du coup Satan a déclenché une campagne de dénigrement, de désinformation, d'intoxication, de falsification, de blasphème, contre Dieu et son livre et son Christ.**

Vous commencez à comprendre qu'en adhérant à l'islam, vous êtes en train de soutenir un ange déchu dans sa rébellion contre l'Etre Suprême.

Sachez que cette rébellion touche à sa fin. Dans 17 ans maintenant Jéhovah écrasera par la main de Jésus Satan alias Allah, Muhammad et les musulmans.

Si vous souhaitez échapper aux fléaux destinés à Allah, à Muhammad et aux musulmans, vous devez croire à l'Evangile éternel mentionné en apocalypse 14 :6-7 et chercher en tout premier lieu le royaume de Dieu.

L'Eglise de l'Evangile éternel se tient à votre entière disposition pour vous aider à découvrir les vérités contenues dans l'évangile éternel et à chercher le royaume de Dieu de la manière qui plaît à l' Eternel.

5. L'ISLAM ET LA FILIATION DIVINE DE JESUS

L'Islam nie avec véhémence que Jésus-Christ soit le fils de Dieu. Mais cette négation n'est conforme ni à la bible ni au coran.

Pour commencer disons que l'expression fils de Dieu ne s'applique pas uniquement à Jésus-Christ pour qu'elle suscite autant de jalousie et de haine de la part de Muhammad et des musulmans. En effet, Dieu l'applique à une foule de personnes (Ge 6 :2-4), de créatures spirituelles (Job 1 :6-7), d'anges (Job 38 :4-7), à toute la nation d'Israël (Ex 4 :22), à Salomon (II Sam 7 :12-14), à tous les nés de nouveau, c'est-à-dire à tous ceux qui croient en Jésus (Jn 1 :11,12) et à des croyants indéterminés (Rm 8 :19).

Ensuite, il est à souligner que la bible et le coran montrent que Jésus-Christ n'est pas un fils de Dieu comme les autres, il est le Fils unique de Dieu, car il est le seul à avoir été engendré du Dieu Suprême.

En effet, nous lisons ceci dans la bible :

Psaumes 2 :7 (Hé 1 :5) :
Tu es mon fils, je t'ai engendré aujourd'hui.

Luc 1 :30-35 :

La puissance du Très-Haut te (Marie) couvrira de son ombre. C'est pourquoi le saint enfant qui naîtra de toi sera appelé fils de Dieu.

Il va de soi que Dieu a imprégné l'ovule de la mère de Jésus, Marie, d'une semence mâle qui l'a fécondée. Par conséquent, le Père de Jésus, selon l'évangile, c'est Jéhovah Dieu lui-même.

Le coran pour sa part atteste que Jésus a été conçu par la puissance de Dieu qui a insufflé à sa mère, Marie, son esprit. Nous trouvons les versets ci-après :

Coran 21 :91 :

Nous lui avons insufflé de notre esprit et nous fîmes d'elle et de son fils un signe pour le monde.

Coran 3 :45 :

Ô Marie , voici que Dieu t'annonce la bonne nouvelle d'une **parole venant de lui**. Son nom est le Messie, Jésus, fils de Marie, illustre en ce monde et en la vie dernière. Il est au nombre des rapprochés.

Coran 3 :47 :

Marie dit : Mon Seigneur, comment aurai-je un enfant car je suis vierge ? Dieu répondit : C'est ainsi que Dieu crée :quand il veut faire une chose, il lui dit : sois et la chose existe.

Ces trois versets du coran achèvent de prouver de manière limpide, insipide, inodore et incolore que Marie a conçu son fils Jésus par la puissance de Dieu qui lui a insufflé son esprit et imprégné son ovule par une semence mâle.

En ce qui concerne l'engendrement de Jésus par Dieu, que récusent les musulmans, alléguant qu'il fait intervenir les organes sexuels, nous constatons que le coran emploie une expression similaire à l'égard de tous les hommes :

Coran 40 :67 :
C'est lui qui vous créa de la poussière, puis d'une goutte de sperme, puis d'une adhérence.

Qu'est-ce que créer d'une goutte de sperme sinon imprégner un ovule par une semence mâle, ce qui est d'engendrer, de faire naître ? Car la goutte de sperme fait justement allusion au sexe, aux organes génitaux. L'adhérence aussi.

Dieu peut donc créer directement de la poussière inerte, ou faire naitre d'une goutte de sperme. C'est le coran qui le dit.

Dans le cas de Jésus, Dieu l'a fait naitre d'une goutte de sperme. Les témoignages de la bible et du coran concordent là-dessus.

En conséquence Jésus est un fils de Dieu.

Par ailleurs, même s'il existe plusieurs fils de Dieu, tous n'ont pas le même rang. En effet le coran montre que Jésus est placé au-dessus de tous les humains (Coran 3 :42,45) .

Partant de là, Jésus- Christ est le fils unique de Dieu. Ne pas le reconnaître c'est être une engeance de Satan.

Nous constatons ici que les musulmans et leur prophète ne comprennent pas bien leur propre livre, le coran. Car l'islam du coran est différent de l'islam des mosquées. Le second répand des hérésies qu'on ne trouve même pas dans le premier. Sinon aucun musulman ne peut, s'en tenant au coran, nier que Jésus soit le Fils unique de Dieu.

Jésus a dit : ***Je suis le fils de Dieu.*** **Et c'est cette déclaration qui lui a coûté l'animosité des enfants de Satan et la mort. Les musulmans se rangent donc du côté de ceux-là et cherchent à tuer quiconque affirme :** ***« Jésus est le Fils de Dieu ».*** **Ils sont des enfants du diable comme ceux-là (Jn 10 :36).**

Les jours de l'islam sont comptés. Dans 17 ans, Jéhovah exterminera par la main de Jésus tous les musulmans de la terre.

Si vous souhaitez échapper aux fléaux destinés à Allah, à Muhammad, et aux musulmans , vous devez croire à l'Evangile éternel mentionné en apocalypse 14 :6-7 et chercher premièrement le royaume de Dieu.

L'Eglise de l'Evangile éternel se tient à votre entière disposition pour vous aider à découvrir les vérités contenues dans l'évangile éternel et à chercher le royaume de Dieu de la manière qui plaît à l'Eternel.

6. L'ISLAM ET LA MORT SACRIFICIELLE DE JESUS-CHRIST

Les musulmans nient la mort de Jésus-Christ. Ils s'appuient pour cela sur le verset suivant du coran :

Coran 4 : 157 :
Ils ne l'ont point tué, ils ne l'ont point crucifié, un autre individu qui lui ressemblait lui fut substitué.

Remarquons que ce verset qui a été rédigé six siècles après le passage de Jésus sur la terre est en contradiction avec un autre du même coran, qui déclare que Jésus mourrait.

Coran 19 :33-34 :
Et que la paix soit sur moi le jour où je naquis, le jour ***où je mourrai****, et le jour où je serai ressuscité vivant.*
Tel est Issa(Jésus) fils de Marie, ***parole de vérité dont ils doutent.***

Bien plus, nous constatons que le verset précité est en nette contradiction avec tous les trois livres qui ont précédé le coran, savoir la loi, les psaumes et l'évangile, livres que l'islam nous demande plutôt d'honorer (Coran 3 :3 ; 2 :97,121).

En effet, la loi, les Psaumes et l'évangile enseignent que Jésus devait mourir pour expier les péchés du monde, et d'ailleurs il est mort.

En Genèse 3 :15, Jéhovah a, dans le jugement qu'il a prononcé à l'occasion du péché originel, annoncé que le serpent ou Satan allait mettre à mort la postérité de la femme, laquelle postérité allait ressusciter pour tuer à son tour le serpent.

Dans ses prophéties chronologiques, Daniel avait prédit que le Messie-Chef allait mourir, mieux allait être immolé au milieu de la septantième semaine (Dan 9 :24-27).

L'histoire profane et les événements survenus en Israël montrent que ce messie est déjà venu et a été mis à mort sous Ponce Pilate, conformément aux prophéties de Daniel.

En effet, les 69 semaines soit 483 ans qui avaient pris cours en 455 avant Jésus-Christ, date du décret du roi Artaxerxés, lequel avait autorisé la restauration de Jérusalem, les 69 semaines, disons-nous, conduisent à l'an 28 après Jésus-Christ **(Les édits : Cyrus : Esd 1 :1-5 ; II Ch 36 :23 ; Darius : Esd 6 :6-15 ; Artaxerxés : Esd 7 :12-26)**. Cela voulait dire qu'à la 69ième semaine le Messie aurait 28 ans. Or on a vu en Israël, la quinzième année de Tibère César, un certain Jean Baptiste qui désigna et baptisa comme le Messie promis un jeune homme âgé d'environ 30 ans, nommé Jésus, Fils de Marie (Luc 3 :1-2 ; Luc 3 :23). Trois années et demie plus tard, Jésus mourut crucifié.

Les musulmans reconnaissent la fidélité des prophéties de Daniel car ils s'en servent pour démontrer que l'islam est le cinquième royaume mondial prédit en Daniel 2 et 7, c'est-à-dire la pierre qui se détache de la montagne sans le secours d'aucune main et qui met un terme au quatrième royaume mondial.

Or c'est ce Daniel-là qui a prédit la venue du Messie et sa mort expiatoire. Cette prophétie de Daniel ayant été écrite à une époque où aucun débat n'était soulevé à propos de la mort du Messie, elle est donc exempte de toute coloration partisane.

Nous pouvons multiplier des écritures attestant que le Messie devait être mis à mort et qu'effectivement il a été immolé. Qu'il suffise de mentionner les suivantes.

Le prophète Esaïe avait parlé d'un serviteur de Dieu qui allait livrer sa vie en sacrifice pour les péchés des hommes (Es 53 :1-10). Plus de 600 ans plus tard, Jésus, Fils de Marie, s'appliquait cette prophétie, indiquant qu'il allait mourir pour expier les péchés du monde (Mt 8 :10-17 ;I Co 15 :3).

A maintes reprises Jésus –Christ a annoncé sa mort en ces termes : *Le Père m'aime parce que je donne ma vie, afin de la reprendre. Personne ne me l'ôte, mais je la donne de moi-même ; J'ai le pouvoir de la donner, et j'ai le pouvoir de la reprendre : tel est l'ordre que j'ai reçu de mon Père.*
(Jn 10 :17,18).

Après son ascension au ciel, Jésus réaffirme qu'il était mort : *Je suis le premier et le dernier et le vivant. J'étais mort ; et voici je suis vivant aux siècles des siècles* (Apocalypse 1 :17, 18).

Si Jésus-Christ était mort ce n'est point une faiblesse. **La mort de Jésus élève Jéhovah au-dessus de toutes divinités païennes. De la création à Christ, toutes les divinités se sont vantées de recevoir cet hommage en se**

faisant offrir des sacrifices sanglants d'origine animale voire humaine. Pour sanctifier Jéhovah et l'élever au-dessus de toutes les divinités païennes, il était nécessaire de lui offrir un témoignage d'honneur unique en son genre, inégalé dans le temps et dans l'espace. En offrant le corps de Jésus, qui est une vie plus précieuse que les autres, une vie infiniment sainte de l'homme-Dieu, immaculée, le christianisme a offert à Jéhovah au nom de l'humanité tout entière, un sacrifice le plus excellent et partant l'hommage le plus profond et le plus absolu que nulle autre divinité ne peut recevoir. L'immolation de Jésus-Christ est l'expression du culte par excellence rendu au Dieu Très-Haut. Comme chacun sait la religion règle les devoirs de la créature face à la transcendance créatrice. Et le premier devoir c'est l'hommage. Et le sacrifice sanglant est l'hommage le plus excellent dû à la divinité. Car le sang représente la vie. Mais sa mort a un double but. Premièrement, Jésus devait mourir pour racheter les hommes de toute tribu, de toute langue, de tout peuple et de toute nation, afin d'en faire un royaume mondial(Mt 20 :28 ; Apoc 5 :8-10). Ensuite, la mort de Jésus était une occasion pour Dieu d'évangéliser et sauver les morts (I Pi 3 :18-20 ; I Pi 4 :6).

Nous venons de montrer que la loi, les psaumes, l'Evangile et le coran ont prédit la mort du Messie. Par conséquent l'enseignement des musulmans disant que Jésus n'était pas mort est sans fondement scripturaire.

La contradiction relevée entre coran 3 :55 et coran 19 : 33-34 au sujet de la mort de Jésus prouve

que le coran, l'islam et Muhammad ne viennent point de Dieu. En effet, Dieu est lumière et il n'y a point en lui de ténèbres. Si quelqu'un dit qu'il parle de la part de Dieu, et qu'il s'embrouille dans des contradictions, il ment, et il ne pratique pas la vérité. (I Jn 1 :6).

En niant la mort expiatoire de Jésus l'islam vient d'éloigner l'humanité du salut que Dieu lui a offert. Et ce salut réside dans le sang de Jésus (Hé9 : 24-26 ; Mt 26 :27 ; I Jn 1 :7 ; Apoc 5 :8-10 ; Apoc 7 :13-14).

L'islam est une religion inventée par Satan pour perdre les hommes. Dans 17 ans maintenant, tous les musulmans seront tués par les fléaux de destruction massive prévus en apocalypse 8 :2 et Apocalypse 15 :1 et commandés par Jésus-Christ. Et tous ceux qui seront tués par ces fléaux seront condamnés à la mort éternelle.

Si vous souhaitez échapper aux fléaux destinés aux musulmans, vous devez sortir dès à présent de l'islam et croire à l'évangile éternel mentionné en apocalypse 14 :6-7. L'Eglise de l'Evangile éternel se tient à votre entière disposition pour vous aider à découvrir les vérités contenues dans l'Evangile éternel et à vous apprendre comment chercher le royaume de Dieu de la manière qui plaît à l'Eternel.

7. L'ISLAM ET LE CULTE DE JESUS

L'islam combat avec la dernière énergie le culte que les chrétiens rendent à Jésus.

Effectivement, Jésus fait l'objet d'un culte pour ses qualités exceptionnelles et son œuvre de rédemption. Jésus est le verbe de Dieu, il est le **vicarius maximus dei (le plus grand vicaire de Dieu).** A ce titre, il mérite l'adoration. Et c'est Dieu lui-même qui a ordonné que tous les anges ainsi que les humains sans oublier les autres créatures tant du ciel, de la terre que de la mer et de sous la terre adorent Jésus-Christ.

Cette volonté de Dieu est attestée par les écritures ci-après.

Hé 1 :5 :

Que tous les anges de Dieu l'adorent.

Apoc 5 :8-10 :

Quand il eut pris le livre, les quatre êtres vivants et les vingt quatre vieillards se prosternèrent devant l'agneau tenant chacun une harpe et des coupes d'or remplies de parfums qui sont les prières des saints. Et ils chantaient un cantique nouveau, en disant : Tu es digne de prendre le livre et d'en ouvrir les sceaux ; ***car tu as été immolé, et tu as racheté pour Dieu par ton sang des hommes de toute tribu, de toute langue, de tout peuple, et de toute***

nation ; tu as fait d'eux un royaume et des sacrificateurs pour notre Dieu, et ils régneront sur la terre.

C'est donc à cause de son rang élevé et de l'œuvre de rédemption du monde et de l'humanité que Jésus a été trouvé digne de recevoir l'adoration, la louange, l'honneur, la gloire de toutes les créatures (Apoc 5 :11-14).

En adorant Jésus nous ne commettons aucun péché, au contraire nous adorons le Très-Haut en vérité et en esprit, en nous soumettant à son commandement qui dit : **Adorez le fils (voir aussi Psaumes 2 :12).**

D'ailleurs le coran ne s'oppose pas au fait d'adorer une créature avec la permission d'Allah. En effet, nous lisons dans le coran le verset suivant :

Coran 2 :34 :

Prosternez-vous devant Adam

Ce verset du coran fait comprendre qu'il n'est pas exclu d'adorer un autre qu'Allah.

Or Adam n'est pas égal à Jésus-Christ. La bible et le coran affirment que Jésus est élevé au-dessus de toutes les créatures, qu'il est le saint des saints, le Verbe de Dieu, le Messie, le Fils unique de Dieu, le premier-né d'entre les morts, le Prince des rois de la terre (Coran 3 :42,45 ; 21 :91 ; Ph 2 : 9-10 ; I Co 15 :23, 27 ; Col 1 :18 ; Apoc 1 :5).

Donc si Adam a reçu des hommages jusque là réservés au seul Allah, selon le Coran, a plus forte raison Jésus-Christ est-il digne de ces hommages.

On voit bien dans les écritures précitées, que les quatre êtres vivants et les vingt quatre vieillards qui sont des créatures spirituelles élevées en dignité, ont chanté de la musique en l'honneur de Jésus en présence et avec la permission de Jéhovah lui-même. **Par conséquent tous les êtres créés doivent se prosterner devant Jésus-Christ, chanter pour lui et l'adorer.**

Quiconque n'adore pas Jésus se prive lui-même de la vie éternelle. Car Jéhovah partage avec Jésus-Christ la gloire, l'honneur, la louange et la puissance (Apoc 5 : 13-14 ; Es 42 :1-9).

Que les hommes chantent des louanges de Jésus-Christ, cela est conforme aux us et coutumes de Dieu, qui avait préparé un service de louange en faveur de l'archange protecteur de l'Eden avant la fondation du monde (Ez 28 :12-15). C'est cet archange qui est devenu Satan.

Comment à la lumière de ce que Dieu a fait pour un ange les musulmans ne peuvent-ils pas comprendre que Jésus qui a hérité d'un nom plus excellent que le sien reçoive l'adoration ? C'est la haine qui les empêche d'accepter l'hommage rendu à Jésus.

En refusant d'adorer Jésus-Christ, les musulmans se rendent coupables d'un péché grave envers Dieu. Ce péché qui est un péché de désobéissance est semblable à la magie. (I Sam 15 :23).

C'est par jalousie que Satan a suscité un livre et une religion qui combattent avec véhémence

l'adoration de Jésus. Ce n'est pas à dire que nul autre que Jéhovah ne peut recevoir l'adoration mais le problème c'est que lui, Satan, ayant perdu ce privilège, il tient à ce que Jésus le perde aussi.

Quand on l'adorait avec la permission de Jéhovah selon Ez 28 :12-15, cet ange n'y voyait pas d'inconvénients ; une fois rejeté à cause de ses iniquités, il commence à trouver mal que Jésus soit adoré comme il l'était. Avant sa chute il ne disait pas à ses adorateurs de n'adorer que "Allah". Une fois qu'il a perdu cet hommage, il ne veut pas qu'il soit rendu à un autre.

Jéhovah et Allah sont deux dieux différents se contredisant sur chaque chose. Allah est un autre nom de Satan. Dans 17 ans Jéhovah écrasera Satan alias Allah, Muhammad et les musulmans.

Si vous souhaitez échapper aux châtiments destinés à Allah, à Muhammad et aux musulmans, vous devez croire à l'évangile éternel mentionné en apocalypse 14 :6-7, et chercher le royaume avant toute chose. L'Eglise de l'évangile éternel se tient à votre entière disposition pour vous aider à découvrir les vérités contenues dans l'évangile éternel et à chercher le royaume de Dieu de la manière qui plaît à l'Eternel.

8. L'ISLAM ET L'UNIVERSALITE DE LA MISSION DE JESUS

Les musulmans nient que Jésus-Christ ait été envoyé pour toute l'humanité. Ils se réfèrent à certains versets dont ils tordent le sens et qui semblent dire que Jésus a été envoyé uniquement aux israélites.

En tant que Souverain sacrificateur, ou en tant que Prophète, ou encore en tant que Roi et Seigneur, Jésus est venu pour l'humanité tout entière.

Pour répondre à une question d'un tel intérêt, nous allons sonder la somme des connaissances prophétiques que porte l' humanité depuis près de six mille ans. Dans cette démarche, nous allons cerner et analyser les déclarations des prophètes de Dieu antérieures à Jésus, celles de Jésus et ses apôtres, enfin celles postérieures au service terrestre de Jésus-Christ.

Les prophètes venus avant Jésus-Christ ont annoncé que Dieu bénirait toutes les tribus de la terre par l'entremise de la postérité d'Abraham, d'Isaac, de Jacob, de Juda, de Jessé, de David. Or les écritures hébraïques montrent que cette postérité est Jésus-Christ (Ge 17 :15-21 ; Ge 21 :12-13 ; Ge 2 :18 ; Es 11 :10 ; Ga 3 :16 ; Apoc 5 :5 ; Apoc 22 :16).

Quelque temps avant le ministère public de Jésus, le prophète Jean Baptiste a rendu témoignage à Jésus en disant : " **Voici l'agneau de Dieu qui ôte le péché du monde**"(Jn 1 :29). Ce qui fait comprendre que Jésus a été envoyé pour ôter le péché des hommes de toute langue, de toute tribu, de tout peuple, et de toute nation, et non des juifs seulement.

Jésus lui-même a démontré l'universalité de son ministère en disant : *Comme Moïse éleva le serpent dans le désert, il faut de même que le fils de l'homme soit élevé, afin que quiconque croit en lui ne périsse point, mais qu'il ait la vie éternelle. Car Dieu a tant aimé le monde qu'il a donné son Fils unique, afin que quiconque croit en lui ne périsse point, mais qu'il ait la vie éternelle. (*Jn 3 :14-16).

Le mot quiconque dans l'écriture précédente montre que n'importe quel habitant de la terre, où qu'il se trouve, quel que soit son peuple, est concerné par l'œuvre de rédemption accomplie par Jésus-Christ.

Six jours avant sa crucifixion, Jésus a fait la déclaration suivante, montrant qu'il mourrait pour sauver tous les hommes indistinctement :

Maintenant a lieu le jugement de ce monde ; maintenant le prince de ce monde sera jeté dehors (Jean 12 :31). ***Et moi, quand j'aurai été élevé, j'attirerai tous les hommes à moi.*** (Jean 12 :32).

En parlant ainsi, Jésus indiquait de quelle manière il devait mourir pour **sauver tous les hommes, et non seulement les juifs.**

Dans une des occasions où il apparut à ses apôtres, après sa résurrection, Jésus, parlant de sa mort et de sa résurrection, leur dit : *C'est là ce que je vous disais lorsque j'étais encore avec vous, qu'il fallait que s'accomplît tout ce qui est écrit de moi dans la loi de Moïse, dans les prophètes, et dans les psaumes. Alors il leur ouvrit l'esprit, afin qu'ils comprissent les Écritures. Et il leur dit: Ainsi il est écrit que le Christ souffrirait, et qu'il ressusciterait des morts le troisième jour,* ***et que la repentance et le pardon des péchés seraient prêchés en son nom à toutes les nations, à commencer par Jérusalem(*** Luc 24 :44-47).

Il ressort clairement de cette écriture que Jésus a été envoyé à toutes les nations, mais avec comme point de départ Jérusalem, c'est-à- dire les juifs.

Par ailleurs dans sa prière sacerdotale, Jésus a déclaré avoir le pouvoir de donner la vie éternelle à toute chair. Ecoutons le Seigneur : *Père, l'heure est venue ! Glorifie ton Fils, afin que ton Fils te glorifie, selon que* ***tu lui as donné le pouvoir sur toute chair****, afin qu'il accorde la vie éternelle à tous ceux que tu lui as donnés(* Jn 17 :2).

Toute chair ne signifie pas les juifs. Cela fait penser à toute l'humanité.

Joignant l'acte à la parole, Jésus a, de son vivant, apporté la bonne nouvelle aux samaritains qui ne sont pas des juifs (Jn 4 :9-10 ;39-42). Par cet acte, Jésus a brisé le mur de séparation qui était érigé entre les juifs et les autres nations tout en se révélant comme le sauveur des deux communautés.

Avant de quitter le monde, Jésus-Christ a instruit ses apôtres de chercher les disciples parmi toutes les nations du monde (Mat 28 :19-20 ;Ac 1 :8).

De plus, Jésus a mis à part tout un apôtre pour porter l'évangile aux nations non-israélites (Ac 9 :15 ;Ac 13 :46-48 ;Ac 22 :17-21 ;Ac 26 :15-18). L'apôtre Paul, parce que c'est de lui qu'il s'agit, a souligné que les païens forment le même corps avec les juifs et participent aux mêmes promesses qu'eux par l'Evangile (Ep 3 :1-7).

Un prophète qui a parlé après l'enlèvement de Jésus a révélé que Jésus a sauvé par son sang des hommes de toute tribu, de toute langue, de toute nation, et de tout peuple de la terre (Apoc 7 :9-15). Et quand on sait que l'Apocalypse a été écrite par Dieu lui-même, on ne peut plu douter que Jésus fût envoyé pour sauver les hommes de toutes les nations possibles et imaginables.

Toutes ces écritures datent d'avant Muhammad. Pourquoi l'auteur du coran n'a-t-il pas tenu compte de toutes ces vérités avant de rédiger des monstruosités à l'égard du Christ de Dieu ? Le coran trahit l'étroitesse d'intellect et d'esprit du fondateur de l'islam. Oui, l'auteur de l'islam est intellectuellement malhonnête.

Somme toute Jésus est la postérité d'Abraham qui a été envoyée pour sauver l'humanité dans toute sa diversité, toutes races confondues. Quand Jésus parle des brebis perdues de la maison d'Israël, il ne pense pas aux juifs selon la chair, mais aux enfants d'Abraham selon la promesse. Et les enfants d'Abraham selon la promesse comprennent les Israélites et les arabes et les ressortissants des nations en aussi grand nombre que Jéhovah va les appeler des ténèbres à sa grande lumière, de la mort à la vie éternelle (Mt 10 :6 ; Jn 10 :16 ; Rm 9 :6-9).

9. L'APPORT DE L'ISLAM A L'ASCENSION SPIRITUELLE DE L'HUMANITE

Une religion a pour but d'élever l'humanité spirituellement, en la faisant passer des ténèbres à la lumière de Dieu, des péchés à la sainteté.

Qu'en est-il de l'islam ? L'apport spirituel de l'islam est maigre voire nul. C'est vrai, l'islam insiste sur le monothéisme, mais force est de constater qu'il a emprunté cette doctrine au judaïsme et au christianisme (Ex 20 :1-4 ; Jn 17 :3 ; I Co 8 :5-6 ; I Co 11 :3 ; I Co 15 : 27-28 ; Apoc 4 :9-11). **Adorer un seul dieu c'est bien ; encore faut-il que ce dieu soit le vrai dieu comme le Père de Jésus.**

On peut inventer un monothéisme où l'on adore un seul ange. Est-ce là un monothéisme qui sauve ? Jadis chaque tribu avait un seul dieu, son unique dieu, qui était différent des uniques dieux d'autres tribus. Chacune de ces tribus se vantait de son monothéisme. Mais c'était là un monothéisme démoniaque. Il faut dire que le monothéisme seul ne suffit pas pour l'ascension spirituelle de l'humanité. Les démons pratiquent aussi le monothéisme, mais ils sont enchainés dans les ténèbres avant d'être jetés dans l'étang de feu et de soufre, à cause de leurs mensonges, de leurs meurtres, de leurs blasphèmes, de leurs arrogances, de leurs séductions du genre humain, de leurs souillures et de leurs velléités hégémoniques (JC 2 :19 ; Jude 6 ; Apoc12 :7-10 ; Es 14 :13 ; Apoc 20 :7-10).

L'ascension spirituelle de l'homme inclut le repentir et la connaissance de Jéhovah comme le seul vrai Dieu, et

Jésus-Christ comme le Souverain sacrificateur, le Médiateur, le Prince du salut, et le Roi des rois (Mc 1 :15 ; Jn 5 :22 ; Jn 17 :3 ; Hé 2 :10 ; Hé 6 : 20 ; I Tim 2 :5 ; Apoc 19 :16).

Le système de salut enseigné par l'islam ne peut amener personne à la perfection. Les cinq piliers de l'observance, à savoir la shahada (profession de la foi, coran 33 :40) ; la salat (prière, coran 2 :144) ; la zakat (l'aumône, coran 24 :56), le ramadân (sawn= jeûne, coran 2 :183-185) et le hajj (pèlerinage, coran 3 :97) sont des œuvres mortes qui ne peuvent amener personne à la sainteté. L'islam ne connait ni la nouvelle naissance ni la rédemption par le sang de Jésus, qui font d'un pécheur une nouvelle créature, pure, sainte et irrépréhensible.

Voilà pourquoi tous les musulmans sont des pécheurs y compris le prophète Muhammad. Or les vrais chrétiens ont reçu le pouvoir de ne plus commettre le péché, et en vérité un chrétien ne pèche plus (Jn 1 :12-13 ; I Jn 3 :8-9 ; Apoc 7 :9-14 ; Apoc 14 :1-4).

Mais l'islam ne peut en dire autant. Je suis moi-même un descendant des musulmans. Mes grands parents paternels et maternels étaient des musulmans pratiquants. Ils croyaient qu'il n'y a de dieu qu'Allah et Muhammad est son envoyé, ils priaient cinq fois en direction de la Mecque, ils faisaient l'aumône et ils jeûnaient durant le mois de ramadân ; seulement ils ne se rendaient pas à la Mecque pour le pèlerinage, faute de moyens. Mais ils ont continué à adorer des démons et des idoles qui ne peuvent ni voir, ni entendre, ni marcher, et ils ne s'étaient pas repentis de leurs meurtres, ni de leurs enchantements, ni de leurs impudicités, ni de leurs vols. Ils commettaient ces abominations avec l'approbation des Imams. Car les imams sont eux-mêmes les adorateurs des démons, des idoles et des esprits impurs. Citons-en quelques exemples pour corroborer nos propos. Mwalimu Abiba fut un grand imam à Samba, une localité située à 45 Km à l'ouest de KASONGO, au Maniema et abritant une importante gare de la SNCC. Le précité était environné d'une grande popularité à cause de ses pratiques magico-religieuses par lesquelles ils guérissait, exorcisait, élevait qui il voulait, abaissait qui il voulait, et même tuait. Mwalimu Juma fut un ami personnel. Il invoquait des esprits impurs appelés " Jins " au vu et au su de tout le monde. J'ai personnellement été témoin de plusieurs séances d'invocation au cours desquelles il m'est arrivé de parler avec ces esprits. Cheikh Albati est un autre chef de la religion Islamique établi à Samba. Il est encore en vie. Cet homme est un puissant magicien qui étonne les gens par son art magique. Il fait des sortilèges et invoque les démons au nom du coran.

Si ces pratiques fétichistes étaient contraires à l'islam, les chefs religieux musulmans ne les auraient pas exercées au grand jour, et d'autres musulmans les auraient condamnées publiquement. Ce que n'a osé faire personne jusqu'à ce jour.

C'est dire qu'avec l'islam l'humanité est retombée dans le gouffre des impuretés, des abominations, et de la violence, gouffre duquel l'avait tiré le Fils de Dieu, Jésus-Christ de Nazareth.

A cause de cela le prophète Muhammad est en train d'être tourmenté dans le séjour des morts, mangeant des ordures et buvant le pus. Et dans 17 ans maintenant, tous les musulmans seront détruits

par les fléaux de destruction massive annoncés en apocalypse 8 :2 et 15 :1, et commandés par Jésus-Christ.

Si vous souhaitez échapper aux fléaux destinés aux musulmans, sortez de l'islam et croyez à l'Evangile éternel mentionné en apocalypse 14 :6-7, et cherchez en premier lieu le royaume de Dieu.

L'Eglise de l'Evangile éternel se tient à votre entière disposition pour vous aider à découvrir les vérités contenues dans l'évangile éternel, et à chercher le royaume de Dieu de la manière qui plaît à l'Eternel.

CONCLUSION

L'islam est une religion diabolique et Muhammad est un faux prophète. En dépit de quelques versets laudatifs dédiés à Marie et à Jésus-Christ, l'islam véhicule un discours haineux contre le Fils de Dieu.

Depuis plus de 14 siècles, et cela cinq fois par jour, l'islam s'évertue à glorifier Muhammad au dépens de Jésus à qui ce dernier a volé la vedette, en disant dans la shahada : " Il n'y a de Dieu qu'Allah ; Muhammad est l'envoyé d'Allah " (coran 33 :40), et en qualifiant Muhammad de sceau des prophètes (coran 4 :136 ; coran 33 :40).

Sa haine pour Jésus l'empêche de voir d'innombrables versets de la loi, des psaumes et de l'Evangile qui proclament la filiation divine de Jésus, sa divinité, sa mort expiatoire, et son droit à un culte, et l'entête à ne pas reconnaître que c'est par lui que Dieu a créé les cieux et la terre et tout ce qui s'y trouve (Hé 1 :1-3), que c'est lui que Dieu a établi héritier de toutes choses (Hé 1 :2), qu'il est le Souverain sacrificateur (Hé 5 :10 ; Ps 110 :4), le principal instrument du salut (Hé 2 :10), le juge des hommes et des anges (Jn 5 :22 ; I Co 6 :2-3 ; Actes 17 :30-31), le médiateur entre Dieu et les hommes (I Tim 2 :5), le Roi des rois et le Seigneur des seigneurs (Apoc 17 :14 ; 19 :16 ; psaumes 2 : 1-12), que c'est par son nom seul que le pardon des péchés est prêché dans le monde entier, hier, aujourd'hui et éternellement (Ac 4 :12 ;10 :43 ; Hé 13 :8), et que c'est uniquement par son sang que les hommes de toutes races peuvent être sauvés, en étant sanctifiés, lavés et justifiés de leurs péchés (I Co 6 :11 ; Apoc 7 :13, 14).

L'islam a les dehors d'une bonne religion, mais il parle et agit comme un dragon. L'histoire se souvient encore des prétentions de Muhammad à la royauté mondiale, ainsi que des nombreux massacres perpétrés par ce faux prophète pour asseoir sa religion. En tout cas ce ne sont pas les chrétiens d'Afrique qui me contrediront là-dessus.

En effet, l'église chrétienne d'Afrique n'oubliera pas les dévastations causées par l'islam en détruisant les églises et les chrétiens dans sa soif démesurée de pouvoir, en Egypte, au Soudan et ailleurs. Par exemple, nous savons qu'il a existé des centaines d'églises florissantes en Nubie. Mais elles sont tombées brusquement en ruines à la suite des attaques de plus en plus violentes des musulmans.

Une fois conquises par l'islam, écrit Paul de Meester, les Eglises de Nubie furent recouvertes par le sable et l'oubli. Il n'en subsiste aujourd'hui, poursuit-il, que les ruines muettes de 300 églises et couvents, de la frontière égyptienne jusqu'à Khartoum, ruines sans valeur, quelques unes employées comme abri pour le bétail. Et les chrétiens subissaient la force conditionnante de la conversion à l'islam[1].

Non, il n'y a pas de salut dans l'islam. Il est temps de sortir de l'islam car Dieu détruira cette religion et ses adeptes, selon qu'il est écrit : " Toute plante que n'a pas plantée mon Père sera déracinée. " (Mt 15 :13).

Le temps de la vengeance de Dieu est venu. Nous lançons donc un appel vibrant à tous les musulmans de

---

[1] L'Eglise d'Afrique, de Paul de Meester page 37.

sortir de cette religion afin de pouvoir se mettre à l'abri de la colère de Dieu en se joignant à l'Eglise de l'évangile éternel qui distribue le présent écrit.

Edition revue et enrichie le 11 Juin 2013. La première édition de ce livre a été publiée le 23 mars 2009, à Lubumbashi République Démocratique du Congo.

TABLE DES MATIERES

AVANT- PROPOS ---------- 1

INTRODUCTION ---------- 2

1. L'ORIGINE DU CORAN ---------- 4

2. LES PRETENTIONS PROPHETIQUES ET ROYALES DE MUHAMMAD ---------- 8

3. LES PRETENTIONS DE L'ISLAM A LA SUPREMATIE RELIGIEUSE ---------- 17

4. L'ISLAM ET LA DIVINITE DE JESUS-CHRIST ---------- 22

5. L'ISLAM ET LA FILIATION DIVINE DE JESUS ---------- 26

6. L'ISLAM ET LA MORT SACRIFICIELLE DE JESUS-CHRIST ---------- 30

7. L'ISLAM ET LE CULTE DE JESUS ---------- 35

8. L'ISLAM ET L'UNIVERSALITE DE LA MISSION DE JESUS ---------- 39

9. L'APPORT DE L'ISLAM A L'ASCENSION SPIRITUELLE DE L'HUMANITE ---------- 43

CONCLUSION ---------- 47

TABLE DES MATIERES ---------- 50

MIX
Papier aus verantwortungsvollen Quellen
Paper from responsible sources
FSC® C105338

Printed by Books on Demand GmbH, Norderstedt / Germany